目錄

三十六計　孫子兵法

掃一掃聽有聲經典

三十六计……五一

音頻二維碼

孫子兵法

計篇

孫子曰兵者國之大事死生之地存亡之道不可不察也

故經之以五事校之以計而索其情一曰道二曰天三曰地四曰將五曰法道者令民與上同意也故可以與之死可以與之生而不畏危天者陰陽寒暑時制也地者遠近險易廣狹死生也將者智信仁勇嚴也法者曲

制官道。主用也。凡此五者。將莫不聞。知之者勝。不知者不勝。故校之以計。而索其情。曰主孰有道。將孰有能。天地孰得。法令孰行。兵衆孰强。士卒孰練。賞罰孰明。吾以此知勝負矣。將聽吾計。用之必勝。留之。將不聽吾計。用之必敗。去之。

計利以聽。乃爲之勢。以佐其外。勢者。因利而制權也。兵者。詭道也。故能而示之不能。用而示之不用。近而示之遠。遠而示之近。利而誘之。亂而取之。實而備之。强而避之。怒而撓之。卑而驕之。佚而勞之。親而離之。攻其無備。出其不意。此兵家之勝。不可先傳也。

夫未戰而廟算勝者。得算多也。未戰而廟算不勝者。得算少也。多算勝。少算不勝。而況於無算乎。吾以此觀之。勝負見矣。

作戰篇

孫子曰。凡用兵之法。馳車千駟。革車千乘。帶甲十萬。千里饋糧。則内外之費。賓客之用。膠漆之材。車甲之奉。日費千金。然後十萬之師舉矣。

其用戰也勝。久則鈍兵挫銳。攻城則力屈。久暴師則國用不足。夫鈍兵挫銳。屈力殫貨。則諸侯乘其弊而起。雖有智者。不能善其後矣。故兵聞拙速。未睹巧之久也。夫兵久而國利者。未之有也。故不盡知用兵之害者。則不能盡知用兵之利也。

善用兵者。役不再籍。糧不三載。取用於國。因糧於敵。故軍食可足也。國之貧於師者遠輸。遠輸則百姓貧。近于師者貴賣。貴賣則百姓財竭。財竭則急於丘役。力屈財殫。中原內虛於家。百姓之費。十去其七。公家之費。破軍罷馬。甲胄矢弩。戟楯蔽櫓。丘牛大車。十去其六。

故智將務食於敵。食敵一鍾，當吾二十鍾；萁秆一石，當吾二十石。

故殺敵者，怒也；取敵之利者，貨也。故車戰，得車十乘已上，賞其先得者，而更其旌旗，車雜而乘之，卒善而養之，是謂勝敵而益強。

故兵貴勝，不貴久。

故知兵之將，生民之司命，國家安危之主也。

謀功篇

孫子曰。凡用兵之法。全國爲上。破國次之。全軍爲上。破軍次之。全旅爲上。破旅次之。全卒爲上。破卒次之。全伍爲上。破伍次之。是故百戰百勝。非善之善者也。不戰而屈人之兵。善之善者也。

故上兵伐謀。其次伐交。其次伐兵。其下攻城。攻城之法。爲不得已。修櫓轒輼。具器械。三月而後成。距堙。又三月而後已。將不勝其忿而蟻附之，殺士三分之一，而城不拔者，此攻之災也。

故善用兵者，屈人之兵而非戰也，拔人之城而非攻也，毁人之國而非久也，必以全爭於天下，故兵不頓而利可全，此謀攻之法也。

故用兵之法，十則圍之，五則攻之，倍則分之，敵則能戰之，少則能逃之，不若則能避之。故小敵之堅，大敵之擒也。

夫將者，國之輔也，輔周則國必强，輔隙

則國必弱。

故君之所以患於軍者三。不知軍之不可以進。而謂之進。不知軍之不可以退。而謂之退。是謂縻軍。不知三軍之事。而同三軍之政。則軍士惑矣。不知三軍之權。而同三軍之任。則軍士疑矣。三軍既惑且疑。則諸侯之難至矣。是謂亂軍引勝。

故知勝有五。知可以戰與不可以戰者勝。識衆寡之用者勝。上下同欲者勝。以虞待不虞者勝，將能而君不御者勝。此五者，知勝之道也。

故曰：知彼知己者，百戰不殆；不知彼而知己，一勝一負；不知彼不知己，每戰必敗。

形篇

孫子曰。昔之善戰者。先爲不可勝。以待敵
之可勝。不可勝在己。可勝在敵。故善戰者。能
爲不可勝。不能使敵之可勝。故曰。勝可知。而不
可爲。

不可勝者。守也。可勝者。攻也。守則不足。
攻則有餘。善守者藏於九地之下。善攻者動
於九天之上。故能自保而全勝也。

見勝不過衆人之所知。非善之善者也。戰

勝而天下曰善。非善之善者也。故舉秋毫不爲多力。見日月不爲明目。聞雷霆不爲聰耳。古之所謂善戰者。勝于易勝者也。故善戰者之勝也。無智名。無勇功。故其戰勝不忒。不忒者。其所措必勝。勝已敗者也。故善戰者。立于不敗之地。而不失敵之敗也。是故勝兵先勝而後求戰。敗兵先戰而後求勝。善用兵者。修道而保法。故能爲勝敗之政。

兵法。一曰度。二曰量。三曰數。四曰稱。五曰勝。地生度。度生量。量生數。數生稱。稱生勝。故勝兵若以鎰稱銖。敗兵若以銖稱鎰。勝者之戰民也。若決積水於千仞之谿者。形也。

勢篇

孫子曰凡治衆如治寡分數是也鬥衆如鬥寡形名是也三軍之衆可使必受敵而無敗者奇正是也兵之所加如以碫投卵者虛實是也

凡戰者以正合以奇勝故善出奇者無窮如天地不竭如江河終而復始日月是也死而復生四時是也聲不過五五聲之變不可勝聽也色不過五五色之變不可勝觀也味

不過五。五味之變。不可勝嘗也。戰勢不過奇正。奇正之變。不可勝窮也。奇正相生。如循環之無端。孰能窮之。

激水之疾。至於漂石者。勢也。鷙鳥之疾。至於毀折者。節也。是故善戰者。其勢險。其節短。勢如彍弩。節如發機。紛紛紜紜。鬭亂而不可亂也。渾渾沌沌。形圓而不可敗也。亂生於治。怯生於勇。弱生於强。治亂。數也。勇怯。勢也。强弱。形也。

故善動敵者。形之。敵必從之。予之。敵必取之。以利動之。以卒待之。故善戰者。求之於勢。不責於人。故能擇人而任勢。任勢者。其戰人也。如轉木石。木石之性。安則靜。危則動。方則止。圓則行。故善戰人之勢。如轉圓石於千仞之山者。勢也。

虛實篇

孫子曰。凡先處戰地而待敵者佚。後處戰地而趨戰者勞。故善戰者。致人而不致於人。能使敵人自至者。利之也。能使敵人不得至者。害之也。故敵佚能勞之。飽能饑之。安能動之。出其所不趨。趨其所不意。

行千里而不勞者。行於無人之地也。攻而必取者。攻其所不守也。守而必固者。守其所不攻也。故善攻者。敵不知其所守。善守者。敵不知其所攻。微乎微乎。至于無形。神乎神乎。至于無聲。故能爲敵之司命。

進而不可御者。衝其虛也。退而不可追者。速而不可及也。故我欲戰。敵雖高壘深溝。不得不與我戰者。攻其所必救也。我不欲戰。畫地而守之。敵不得與我戰者。乖其所之也。

故形人而我無形。則我專而敵分。我專爲一。敵分爲十。是以十攻其一也。則我衆而敵寡。能以衆擊寡者。則吾之所與戰者約矣。吾所與戰之地不可知。不可知則敵所備者多。敵所備者多。則吾所與戰者寡矣。故備前則後寡。備後則前寡。備左則右寡。備右則左寡。無所不備。則無所不寡。寡者。備人者也。衆者。使人備己者也。

故知戰之地。知戰之日。則可千里而會戰。不知戰地。不知戰日。則左不能救右。右不能救左。前不能救後。後不能救前。而況遠者數十里。近者數里乎。以吾度之。越人之兵雖多。

亦奚益於勝敗哉。故曰勝可爲也。敵雖衆。可使無鬥。

故策之而知得失之計。作之而知動靜之理。形之而知死生之地。角之而知有餘不足之處。故形兵之極。至於無形。無形。則深間不能窺。智者不能謀。因形而措勝於衆。衆不能知。人皆知我所以勝之形。而莫知吾所以制勝之形。故其戰勝不復。而應形于無窮。

夫兵形象水。水之形。避高而趨下。兵之

形。避實而擊虛。水因地而制流。兵因敵而制勝。故兵無常勢。水無常形。能因敵變化而取勝者。謂之神。故五行無常勝。四時無常位。日有短長。月有死生。

軍爭篇

孫子曰．凡用兵之法．將受命于君．合軍聚衆．交和而舍．莫難於軍爭．軍爭之難者．以迂爲直．以患爲利．故迂其途．而誘之以利．後人發．先人至．此知迂直之計者也．

故軍爭爲利．軍爭爲危．舉軍而爭利．則不及．委軍而爭利．則輜重捐．是故卷甲而趨．日夜不處．倍道兼行．百里而爭利．則擒三將軍．勁者先．疲者後．其法十一而至．五十里而爭利．則蹶上將軍。其法半至。三十里而爭利。則三分之二至。是故軍無輜重則亡。無糧食則亡。無委積則亡。

故不知諸侯之謀者。不能豫交。不知山林。險阻。沮澤之形者。不能行軍。不用鄉導者。不能得地利。故兵以詐立。以利動。以分合爲變者也。故其疾如風。其徐如林。侵掠如火。不動如山。難知如陰。動如雷震。掠鄉分衆。廓地分利。懸權而動。先知迂直之計者勝。此軍爭之法也。

軍政曰。言不相聞。故爲金鼓。視不相見。故爲之旌旗。夫金鼓旌旗者。所以一人之耳目也。人既專一。則勇者不得獨進。怯者不得獨退。此用衆之法也。故夜戰多火鼓。晝戰多旌旗。所以變人之耳目也。

故三軍可奪氣。將軍可奪心。是故朝氣銳。晝氣惰。暮氣歸。故善用兵者。避其銳氣。擊其惰歸。此治氣者也。以治待亂。以靜待嘩。此治心者也。以近待遠。以佚待勞。以飽待饑。此治力者也。無邀正正之旗。勿擊堂堂之陳。此治變者也。

故用兵之法。高陵勿向。背丘勿逆。佯北勿從。銳卒勿攻。餌兵勿食。歸師勿遏。圍師必闕。窮寇勿迫。此用兵之法也。

九變篇

孫子曰：凡用兵之法，將受命於君，合軍聚衆，圮地無舍，衢地交合，絶地無留，圍地則謀，死地則戰，途有所不由，軍有所不擊，城有所不攻，地有所不爭，君命有所不受。

故將通於九變之利者，知用兵矣；將不通於九變之利者，雖知地形，不能得地之利矣；治兵不知九變之術，雖知五利，不能得人之用矣。

是故智者之慮，必雜於利害。雜於利而務可信也，雜於害而患可解也。是故屈諸侯者以害，役諸侯者以業，趨諸侯者以利。故用兵之法，無恃其不來，恃吾有以待也；無恃其不攻，恃吾有所不可攻也。

故將有五危：必死，可殺也；必生，可虜也；忿速，可侮也；廉潔，可辱也；愛民，可煩也。凡此五者，將之過也，用兵之災也。覆軍殺將，必以五危，不可不察也。

行軍篇

孫子曰．凡處軍．相敵．絶山依谷．視生處高．戰隆無登．此處山之軍也．絶水必遠水．客絶水而來．勿迎之於水內．令半濟而擊之．利．欲戰者．無附於水而迎客．視生處高．無迎水流．此處水上之軍也．絶斥澤．唯亟去無留．若交軍於斥澤之中．必依水草而背衆樹．此處斥澤之軍也．平陸處易而右背高．前死後生．此處平陸之軍也．凡此四軍之利．黄帝之所以勝四帝也。

凡軍好高而惡下，貴陽而賤陰，養生而處實，軍無百疾，是謂必勝。丘陵堤防，必處其陽，而右背之，此兵之利，地之助也。上雨，水沫至，欲涉者，待其定也。凡地有絕澗、天井、天牢、天羅、天陷、天隙，必亟去之，勿近也。吾遠之，敵近之；吾迎之，敵背之。軍行有險阻、潢井、葭葦、山林、蘙薈者，必謹復索之，此伏奸之所處也。

敵近而靜者，恃其險也；遠而挑戰者，欲

人之進也其所居易者利也衆樹動者來也衆草多障者疑也鳥起者伏也獸駭者覆也塵高而銳者車來也卑而廣者徒來也散而條達者樵采也少而往來者營軍也辭卑而益備者進也辭强而進驅者退也輕車先出居其側者陳也無約而請和者謀也奔走而陳兵車者期也半進半退者誘也杖而立者饑也汲而先飲者渴也見利而不進者勞也鳥集者虛也夜呼者恐也軍擾者將不重也旌旗動者亂

也。吏怒者，倦也。粟馬肉食，軍無懸缶，不返其舍者，窮寇也。諄諄翕翕，徐與人言者，失衆也。數賞者，窘也。數罰者，困也。先暴而後畏其衆者，不精之至也。來委謝者，欲休息也。兵怒而相迎，久而不合，又不相去，必謹察之。

兵非益多也，惟無武進，足以并力料敵，取人而已。夫惟無慮而易敵者，必擒於人。卒未親附而罰之，則不服，不服則難用也。卒已親附而罰不行，則不可用也。故令之以文，齊之以武。是謂必取。令素行以教其民。則民服。令不素行以教其民。則民不服。令素行者。與衆相得也。

地形篇

孫子曰。地形有通者。有挂者。有支者。有隘者。有險者。有遠者。我可以往。彼可以來。曰通。通形者。先居高陽。利糧道。以戰則利。可以往。難以返。曰挂。挂形者。敵無備。出而勝之。敵若有備。出而不勝。難以返。不利。我出而不利。彼出而不利。曰支。支形者。敵雖利我。我無出也。引而去之。令敵半出而擊之。利。隘形者。我先居之。必盈之以待敵。若敵先居之。盈而勿從。不盈而從之。險形者。我先居之。必居高陽以待敵。若敵先居之。引而去之。勿從也。遠形者。勢均難以挑戰。戰而不利。凡此六者地之道也。將之至任。不可不察也。

故兵有走者。有弛者。有陷者。有崩者。有亂者。有北者。凡此六者。非天之災。將之過也。夫勢均。以一擊十。曰走。卒強吏弱。曰弛。吏強卒弱。曰陷。大吏怒而不服。遇敵懟而自戰。將不知其能。曰崩。將弱不嚴。教道不明。吏卒無

常陳兵縱橫。曰亂。將不能料敵。以少合衆。以
弱擊强。兵無選鋒。曰北。凡此六者。敗之道也。
將之至任。不可不察也。
夫地形者。兵之助也。料敵制勝。計險厄
遠近。上將之道也。知此而用戰者必勝。不知
此而用戰者必敗。故戰道必勝。主曰無戰。必
戰可也。戰道不勝。主曰必戰。無戰可也。故進
不求名。退不避罪。唯人是保。而利合于主。國
之寶也。

視卒如嬰兒，故可與之赴深谿；視卒如愛子，故可與之俱死。厚而不能使，愛而不能令，亂而不能治，譬若驕子，不可用也。

知吾卒之可以擊，而不知敵之不可擊，勝之半也；知敵之可擊，而不知吾卒之不可以擊，勝之半也；知敵之可擊，知吾卒之可以擊，而不知地形之不可以戰，勝之半也。故知兵者，動而不迷，舉而不窮。故曰：知彼知己，勝乃不殆；知天知地，勝乃不窮。

九地篇

孫子曰用兵之法有散地有輕地有爭
地有交地有衢地有重地有圮地有圍地有
死地諸侯自戰其地爲散地入人之地而不深
者爲輕地我得則利彼得亦利者爲爭地我
可以往彼可以來者爲交地諸侯之地三屬先
至而得天下之衆者爲衢地入人之地深背城
邑多者爲重地行山林險阻沮澤凡難行之
道者爲圮地所由入者隘所從歸者迂彼寡

可以擊吾之衆者爲圍地。疾戰則存。不疾戰則亡者爲死地。是故散地則無戰。輕地則無止。爭地則無攻。交地則無絕。衢地則合交。重地則掠。圮地則行。圍地則謀。死地則戰。

所謂古之善用兵者。能使敵人前後不相及。衆寡不相恃。貴賤不相救。上下不相收。卒離而不集。兵合而不齊。合於利而動。不合於利而止。敢問。敵衆整而將來。待之若何。曰。先奪其所愛。則聽矣。兵之情主速。乘人之不及。

由不虞之道。攻其所不戒也。

凡爲客之道。深入則專。主人不克。掠於饒野。三軍足食。謹養而勿勞。并氣積力。運兵計謀。爲不可測。

投之無所往。死且不北。死焉不得。士人盡力。兵士甚陷則不懼。無所往則固。深入則拘。不得已則鬥。是故。其兵不修而戒。不求而得。不約而親。不令而信。禁祥去疑。至死無所之。

吾士無餘財。非惡貨也。無餘命。非惡壽

也。令發之日。士卒坐者涕沾襟。偃卧者涕交頤。投之無所往者。諸劌之勇也。

故善用兵者。譬如率然。率然者。常山之蛇也。擊其首則尾至。擊其尾則首至。擊其中則首尾俱至。敢問。兵可使如率然乎。曰。可。夫吴人與越人相惡也。當其同舟而濟。遇風。其相救也如左右手。是故方馬埋輪。未足恃也。齊勇若一。政之道也。剛柔皆得。地之理也。故善用兵者。攜手若使一人。不得已也。

將軍之事靜以幽正以治能愚士卒之耳目使之無知易其事革其謀使人無識易其居迂其途使人不得慮帥與之期如登高而去其梯帥與之深入諸侯之地而發其機焚舟破釜若驅群羊驅而往驅而來莫知所之聚三軍之衆投之于險此謂將軍之事也

九地之變屈伸之利人情之理不可不察

凡爲客之道深則專淺則散去國越境而師者絶地也四達者衢地也入深者重地也入

淺者。輕地也。背固前隘者。圍地也。無所往者。死地也。是故散地。吾將一其志。輕地。吾將使之屬。爭地。吾將趨其後。交地。吾將謹其守。衢地。吾將固其結。重地。吾將繼其食。圮地。吾將進其途。圍地。吾將塞其闕。死地。吾將示之以不活。故兵之情。圍則御。不得已則鬥。過則從。

是故不知諸侯之謀者。不能預交。不知山林。險阻。沮澤之形者。不能行軍。不用鄉導者。不能得地利。四五者。不知一。非霸王之兵也。夫霸王之兵。伐大國。則其衆不得聚。威加于敵。
則其交不得合。是故不爭天下之交。不養天
下之權。信己之私。威加于敵。故其城可拔。其
國可隳。
施無法之賞。懸無政之令。犯三軍之衆。若
使一人。犯之以事。勿告以言。犯之以利。勿告以
害。投之亡地然後存。陷之死地然後生。夫衆
陷于害。然後能爲勝敗。
故爲兵之事。在于順詳敵之意。并敵一

向千里殺將，此謂巧能成事者也。是故政舉之日，夷關折符，無通其使，厲于廊廟之上，以誅其事。敵人開闔，必亟入之。先其所愛，微與之期，踐墨隨敵，以決戰事。是故始如處女，敵人開戶；後如脫兔，敵不及拒。

火攻篇

孫子曰凡火攻有五一曰火人二曰火積
三曰火輜四曰火庫五曰火隊行火必有因煙
火必素具發火有時起火有日時者天之燥也日
者月在箕壁翼軫也凡此四宿者風起之日也
凡火攻必因五火之變而應之火發於
內則早應之於外火發兵靜者待而勿攻極
其火力可從而從之不可從而止火可發於
外無待於內以時發之火發上風無攻下風晝

風久。夜風止。凡軍必知有五火之變。以數守之。故以火佐攻者明。以水佐攻者強。水可以絕。不可以奪。

夫戰勝攻取而不修其功者。凶。命曰費留。故曰。明主慮之。良將修之。非利不動。非得不用。非危不戰。主不可以怒而興師。將不可以慍而致戰。合於利而動。不合於利而止。怒可以復喜。慍可以復悅。亡國不可以復存。死者不可以復生。故明君慎之。良將警之。此安國全軍之道也。

用間篇

孫子曰凡興師十萬出征千里百姓之費公家之奉日費千金内外騷動怠于道路不得操事者七十萬家相守數年以爭一日之勝而愛爵祿百金不知敵之情者不仁之至也非人之將也非主之佐也非勝之主也故明君賢將所以動而勝人成功出於衆者先知也先知者不可取於鬼神不可象於事不可驗於度必取於人知敵之情者也

故用間有五。有因間。有内間。有反間。有死間。有生間。五間俱起。莫知其道。是謂神紀。人君之寶也。因間者。因其鄉人而用之。内間者。因其官人而用之。反間者。因其敵間而用之。死間者。爲誑事於外。令吾聞知之而傳於敵間也。生間者。反報也。

故三軍之事。莫親於間。賞莫厚於間。事莫密於間。非聖賢不能用間。非仁義不能使間。非微妙不能得間之實。微哉微哉。無所不

用間也
間事未發而先聞者間與所告者皆死凡
軍之所欲擊城之所欲攻人之所欲殺必先知
其守將左右謁者門者舍人之姓名令吾間
必索知之必索敵人之間來間我者因而利之
導而舍之故反間可得而用也因是而知之故
鄉間內間可得而使也因是而知之故死間爲
誑事可使告敵因是而知之故生間可使如期
五間之事主必知之知之必在于反間故反

間不可不厚也.

昔殷之興也.伊摯在夏.周之興也.呂牙在殷.故惟明君賢將.能以上智爲間者.必成大功.此兵之要.三軍之所恃而動也.

音頻二維碼

三十六計

原序

用兵如孫子，策謀三十六。

六六三十六，數中有術，術中有數。陰陽

燮理，機在其中。機不可設，設則不中。

第一計　瞞天過海

備周則意怠，常見則不疑。陰在陽之內，不

在陽之對。太陽，太陰。

第二計　圍魏救趙

共敵不如分敵，敵陽不如敵陰。

第三計　借刀殺人

敵已明，友未定，引友殺敵，不自出力，以損推演。

第四計　以逸待勞

困敵之勢，不以戰，損剛益柔。

第五計　趁火打劫

敵之害大，就勢取利，剛決柔也。

第六計　聲東擊西

敵志亂萃，不虞，坤下兌上之象，利其不自主而取之。

第七計　無中生有

誑也，非誑也，實其所誑也。少陰、太陰、太陽。

第八計　暗度陳倉

示之以動，利其靜而有主，益動而巽。

第九計　隔岸觀火

陽乖序亂，陰以待逆。暴戾恣睢，其勢自

斃。順以動豫。豫順以動。

第十計　笑裏藏刀

信而安之。陰以圖之。備而後動。勿使有變。剛中柔外也。

第十一計　李代桃僵

勢必有損。損陰以益陽。

第十二計　順手牽羊

微隙在所必乘。微利在所必得。少陰。少陽。

第十三計 打草驚蛇

疑以叩實。察而後動。復者。陰之媒也。

第十四計 借屍還魂

有用者。不可借。不能用者。求借。借不能用者而用之。匪我求童蒙。童蒙求我。

第十五計 調虎離山

待天以困之。用人以誘之。往蹇來連。

第十六計 欲擒故縱

逼則反兵。走則減勢。緊隨勿迫。累其

氣力，消其鬥志，散而後擒，兵不血刃。需，有孚，光。

第十七計　拋磚引玉

類以誘之，擊蒙也。

第十八計　擒賊擒王

摧其堅，奪其魁，以解其體。龍戰於野，其道窮也。

第十九計　釜底抽薪

不敵其力，而消其勢，兌下乾上之象。

第二十計　渾水摸魚
乘其陰亂。利其弱而無主。隨。以向晦入宴息。
第二十一計　金蟬脫殼
存其形。完其勢。友不疑。敵不動。巽而止。蠱。
第二十二計　關門捉賊
小敵困之。剝。不利有攸往。
第二十三計　遠交近攻
形禁勢格。利從近取。害以遠隔。上火下澤。

第二十四計　假道伐虢

兩大之間，敵脅以從，我假以勢。困，有言不信。

第二十五計　偷梁換柱

頻更其陣，抽其勁旅，待其自敗，而後乘之。曳其輪也。

第二十六計　指桑駡槐

大凌小者，警以誘之。剛中而應，行險而順。

第二十七計　假痴不癲

寧僞作不知不爲，不僞作假知妄爲。静

不露機。雲雷屯也。

第二十八計　上屋抽梯

假之以便。唆之使前。斷其援應。陷之死地。遇毒。位不當也。

第二十九計　樹上開花

借局布勢。力小勢大。鴻漸于阿。其羽可用爲儀也。

第三十計　反客爲主

乘隙插足。扼其主機。漸之進也。

第三十一計　美人計

兵強者，攻其將；將智者，伐其情。將弱兵頹，其勢自萎。利用御寇，順相保也。

第三十二計　空城計

虛者虛之，疑中生疑；剛柔之際，奇而復奇。

第三十三計　反間計

疑中之疑。比之自內，不自失也。

第三十四計　苦肉計

人不自害，受害必真；假真真假，間以得

行。童蒙之吉。順以巽也。

第三十五計　連環計

將多兵衆。不可以敵。使其自累。以殺其勢。在師中吉。承天寵也。

第三十六計　走爲上

全師避敵。左次無咎。未失常也。

圖書在版編目（CIP）數據

孫子兵法　三十六計 / 北京華夏文化藝術研究院選編 . -- 北京 : 文物出版社 , 2020.6（2021.6 重印）
（華夏傳統文化經典系列）
ISBN 978-7-5010-6696-4

Ⅰ . ①孫… Ⅱ . ①北… Ⅲ . ①兵法－中國－古代
Ⅳ . ① E892.2

中國版本圖書館 CIP 數據核字（2020）第 089114 號

華夏傳統文化經典系列：孫子兵法　三十六計

選　　編：北京華夏文化藝術研究院

策　　劃：北京華夏文化藝術研究院
責任編輯：劉永海
責任印製：蘇　林
封面設計：石　冰　鐘尊朝

出版發行：文物出版社
地　　址：北京市東城區東直門內北小街 2 號樓
郵　　編：100007
網　　址：http://www.wenwu.com
經　　銷：新華書店
印　　刷：三河市華東印刷有限公司
開　　本：710mm×1000mm　1/16
印　　張：4.5
版　　次：2020 年 6 月第 1 版
印　　次：2021 年 6 月第 2 次印刷
書　　號：ISBN 978-7-5010-6696-4
定　　價：358.00 元（全十冊）